Löffelkerlchen für die Herbstzeit

Der Herbst kann kommen – jetzt werden lustige Löffelkerlchen gebastelt!

In diesem Buch finden Sie viele ausgefallene Ideen für die Herbstzeit, mit denen Sie Ihr Heim schmücken können. Einfache Holzkochlöffel verwandeln sich im Handumdrehen in Vogelscheuchen, Igel, Eichhörnchen oder Vampire, Gespenster und Spinnen. Die Anwendungen sind vielfältig, ob als Gutschein, Mobile, Windrad, Pflanzenstecker und mehr, Löffelkerlchen machen immer eine gute Figur.

Ich wünsche Ihnen gemütliche Herbstnachmittage in froher Bastelrunde.

Die Motive lassen sich in folgende Schwierigkeitsgrade unterteilen:

● ○ ○ einfach ● ● ○ etwas schwieriger ● ● ● anspruchsvoll

GRUNDAUSSTATTUNG

Die folgenden Materialien und Hilfsmittel werden für die meisten Löffelkerlchen benötigt. Sie werden in den einzelnen Materiallisten nicht nochmals aufgeführt:

- Transparentpapier
- dünne Pappe
- Cutter und Schneideunterlage
- Bleistift, weich und hart
- Radiergummi
- Schere
- Buntstift in Rot
- wasserfester Filzstift in Schwarz und Weiß
- Laub- oder Dekupiersäge
- Bohrmaschine
- Schraubendreher
- Schmirgelpapier
- Feile
- Alleskleber
- Holzleim
- Glas
- verschiedene Pinsel
- evtl. wetterfester Klarlack

So wird's gemacht

Löffel gestalten

1 Falls erforderlich alle Bohrungen anbringen. Bei nicht durchgehenden Bohrungen die Löcher ca. 0,5 cm tief bohren. Dann den Löffel gemäß Abbildung und Vorlage mit matter Acrylfarbe grundieren. Bei hellen Farben den Löffel zuerst weiß grundieren, nach dem Trocknen in der gewünschten Farbe bemalen. Die Kelle und ca. die Hälfte des Stieles bemalen, dann den Löffel zum Trocknen in ein Glas stellen. Ist der Farbauftrag getrocknet, den restlichen Stiel bemalen.

2 Für die weitere Bemalung die Vorlage mit Bleistift auf Transparentpapier übertragen und die Linien auf der Rückseite nochmals mit einem weichen Bleistift nachziehen. Diese Seite auf den Löffel legen und alle Linien mit einem harten Bleistift nochmals nachziehen. So überträgt sich der Bleistiftgrafit.

3 Augen, Münder, Zierlinien etc. mit schwarzem, wasserfestem Filzstift aufmalen, weiße Linien und Lichtpunkte mit weißem Filzstift. Für gröbere Bemalungen Acrylfarbe verwenden. Für Wangen mit einem Cutter Späne von einem roten Buntstift abschaben, diese mit dem Finger aufnehmen und auf das Gesicht reiben.

4 Werden die Motive für den Außenbereich verwendet, die Löffel mit wetterfestem Klarlack überziehen. Beim Lackieren der Gesichter über die Wangen nur vorsichtig tupfen, sonst verwischt der Buntstift.

Teile aus Fotokarton, Filz und Holz

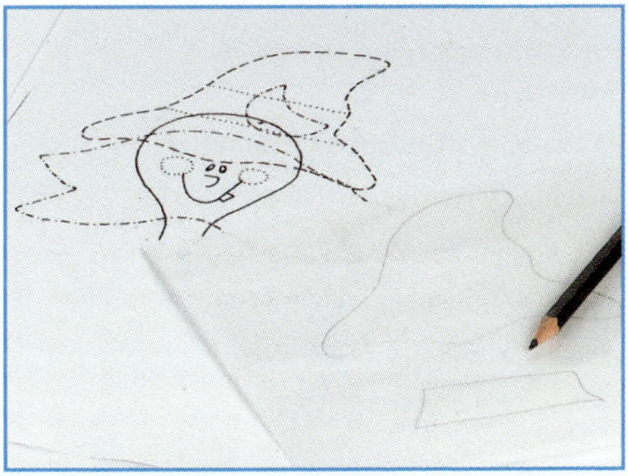

1 Die Motivteile mit Bleistift ohne Überschneidungen vom Vorlagenbogen auf Transparentpapier abpausen. Das Transparentpapier auf dünne Pappe kleben und die Teile ausschneiden. Die fertigen Schablonen auf das gewünschte Material legen und die Umrisse mit Bleistift nachzeichnen.

2 Einzelteile aus Fotokarton oder Filz ausschneiden, für Balsaholz einen Cutter mit geeigneter Schneideunterlage verwenden. Bei Balsaholz die Kanten mit Schleifpapier glätten. Falls nötig die Kanten der Löffelform anpassen. Dann die Teile mit Holzleim an bzw. auf den Löffel leimen.

Hinweis: Als „Rest" werden Stücke bezeichnet, die kleiner als A5 sind.

Willkommen!

→ für die Haustüre

MATERIAL

- Holzkochlöffel mit runder Kelle, ø 10,5 cm, 1 m lang
- 2 Holzkochlöffel mit runder Kelle, ø 5,5 cm, 32 cm lang
- Sperrholz, 1 cm stark, A 4
- Acrylfarbe in Hautfarbe, Orange, Weinrot und Olivgrün
- Fotokarton in Blau, A3
- Fotokarton in Weinrot, Orange und Schwarz, A4
- Fotokartonreste in Gelb und Dunkelgrün
- Stoff in Rot/Weiß kariert, 12 cm x 45 cm
- Stoff in Blau/Weiß gestreift, 4 cm x 4 cm
- 3 Rohholzknöpfe in Natur, ø 2 cm
- Pompon in Braun, ø 2 cm
- 14 Wäscheklammern in Natur, 3 mm x 2,5 cm
- Kordel in Creme ø 2 mm, 65 cm lang
- Basteldraht in Schwarz
- Schraube, 2,5 mm x 30 mm
- Bast in Natur
- Zackenschere

VORLAGENBOGEN 1A

1 Das Sperrholz für die Standfläche (20 cm x 20 cm) aussägen und schleifen. Den großen Löffel auf ca. 80 cm, die kleinen Löffel auf 26 cm kürzen. Am großen Löffel ca. 23 cm vom oberen Kellenrand entfernt durchgehend eine seitliche Bohrung (ø 1,3 cm) für die Arme anbringen.

2 Die Löffel und die Standfläche bemalen und trocknen lassen. Die Arme in die Bohrungen leimen. Die Standfläche von der Unterseite mittig mit dem Stiel verschrauben.

3 Alle Teile aus Fotokarton und Stoff zuschneiden und bemalen. Den Gürtel (3,5 cm x 45 cm) und die Flicken (4 cm x 4 cm) mit der Zackenschere schneiden. Alles gemäß der Abbildung aufkleben.

4 Hose und Füße mit 4 cm langen Drahtstücken aneinander hängen. Dazu den Fotokarton an den vorgegebenen Stellen mit einem Cutter durchstechen. Die Kordel hinter die Hände kleben, daran die Buchstaben mit den Wäscheklammern befestigen. Bast, Pompon und Knöpfe zum Schluss aufkleben. Halstuch oberhalb der Arme um den Löffelstiel knoten.

WILLKOMMEN

Leuchtende Sonnenblumen

→ Farbtupfer für den Garten

MATERIAL

- Holzkochlöffel mit runder Kelle, ø 5,5 cm, 32 cm lang
- Holzkochlöffel mit runder Kelle, ø 4 cm, 20,5 cm lang
- Fotokarton in Gelb, A4
- Fotokartonreste in Hautfarbe und Dunkelgrün
- Acrylfarbe in Ocker und Braun
- Papierdraht in Natur, ø 2 mm, 60 cm lang

VORLAGENBOGEN 1B

1 Am Stiel des großen Löffels ca. 10 cm vom unteren Rand entfernt auf beiden Seiten zwei Bohrungen (ø 2,5 mm) und 16 cm vom unteren Rand entfernt rechts eine Bohrung mit dem gleichen Durchmesser anbringen.

2 Den Löffel gemäß der Abbildung grundieren, dann das Gesicht aufmalen. Die Teile aus Fotokarton ausschneiden und gemäß Vorlage bemalen. Die Fühler der Biene aus Papierdraht (2 x 10 cm lang) gemäß der Abbildung formen und auf die Rückseite des Kopfes kleben. Für die unteren Blätter je 14 cm Draht, für das obere Blatt 12 cm Draht lt. Vorlagenbogen formen und in die Bohrungen kleben. Dahinter die Blätter aus Fotokarton kleben.

Eichhörnchen

→ sammeln Wintervorrat

MATERIAL STEHFIGUR

- Holzkochlöffel mit runder Kelle, ø 5,5 cm, 32 cm lang
- Rundholz, ø 3 mm, 13 cm lang
- Tontopf, ø 7,5 cm
- Fotokartonreste in Hellbraun und Orange
- Acrylfarbe in Ocker, Gelb und Orange
- Pompon in Braun, ø 1,5 cm
- Chenilledraht in Braun, ø 9 mm, 30 cm lang
- Bindedraht in Schwarz
- Kastanie, Eichel, Zapfen

STECKER

- Holzkochlöffel mit runder Kelle, ø 4,5 cm, 28,5 cm lang
- Acrylfarbe in Ocker
- Fotokartonrest in Hellbraun
- Pompon in Braun, ø 1,5 cm
- Chenilledraht in Braun, ø 9 mm, 28 cm lang

VORLAGENBOGEN 1B

Stehfigur

1 Den Löffel auf 19,5 cm kürzen und am Stiel 10,5 cm vom unteren Ende entfernt eine durchgehende Bohrung (ø 3,5 cm) anbringen, in diese mittig das Rundholz schieben und mit etwas Holzleim fixieren.

2 Löffel und Rundholz mit Acrylfarbe in Ocker grundieren, dann das Gesicht aufmalen. Die Teile aus Fotokarton ausschneiden, bemalen und aufkleben. Den Pompon ebenfalls festkleben.

3 Den Tontopf bemalen. Nach dem Trocknen die Öffnung am Topf auf den Durchmesser des Löffelstiels (hier 1,2 cm) mit einem entsprechenden Bohrer vorsichtig aufbohren und den Löffelstiel hineinstecken. Eventuell von der Innenseite mit etwas Holzleim befestigen.

4 Auf die Rückseite des Tontopfes den gemäß der Abbildung geformten Chenilledraht (30 cm lang) kleben. Kastanie und Eichel mit einem Bohrer (ø 1,5 mm) durchbohren, den Draht (30 cm lang) durchziehen und etwas verdrehen. Die Zapfen mit dem Draht umschlingen und seine Enden um das Rundholz wickeln.

Stecker

Den Löffel wie oben beschrieben bemalen und gestalten. Den Schwanz aus Chenilledraht (28 cm lang) in Form biegen, um den Löffel schlingen und auf der Rückseite festkleben.

Kleines Schleckermaul

→ putziges Mobile

MATERIAL

- Holzkochlöffel mit runder Kelle, ø 4 cm, 28 cm lang
- 3 Holzkochlöffel mit runder Kelle, ø 3,5 cm, 20,5 cm lang
- Acrylfarbe in Braun, Hautfarbe, Rot und Grün
- Fotokartonrest in Grün
- Papierdraht in Natur, ø 2 mm
- Bast in Natur
- Pompon in Braun, ø 1,5 cm
- 5 Schraubhaken in Silber, 4 mm x 10 mm

VORLAGENBOGEN 1B

1 Die Bohrungen (ø 2 mm) für die Stacheln anbringen. Den Löffelstiel zuerst grün bemalen, nach dem Trocknen die braunen Streifen aufbringen. 1,5 cm vom rechten Rand entfernt und in die Mitte der Kelle zwei Schraubhaken in den Löffel schrauben. Die drei Löffel für die Äpfel auf 6,5 cm absägen. Alles gemäß Abbildung und Vorlage bemalen und trocknen lassen.

2 Für die Stacheln vier 1,5 cm lange Drahtstücke abschneiden und in die Bohrungen kleben. Die Schraubhaken als Aufhängung in die Äpfel schrauben. Die aus Fotokarton ausgeschnittenen Blätter aufkleben. Aus je 30 cm Bast Schleifen um die Apfelstiele binden, an je 20 cm Bast die Äpfel an den Löffel hängen.

3 Das Pompon als Nase aufkleben. 60 cm Papierdraht als Aufhängung an den Schraubhaken befestigen.

Freunde im Herbst

→ witzige Dekoration

MATERIAL VOGELSCHEUCHE

- Holzkochlöffel mit runder Kelle, ø 5,5 cm, 32 cm lang
- Acrylfarbe in Hautfarbe, Orange und Gelb
- Pappelsperrholz, 8 mm stark, 10 cm x 10 cm
- Fotokartonreste in Schwarz, Hellblau, Grau, Lila, Orange und Hellgrün
- Stoffrest in Rot/Beige kariert
- Bast in Natur
- Ostergras in Natur

RABE

- Holzkochlöffel mit runder Kelle, ø 3,5 cm, 20 cm lang
- Tontopf, ø 5 cm
- Acrylfarbe in Schwarz und Weiß
- Fotokartonrest in Orange
- Bast in Natur
- 2 Federn in Schwarz, ca. 6 cm lang

VORLAGENBOGEN 1B

Vogelscheuche

1 Den Löffel gemäß der Abbildung bemalen. In die Mitte des Sperrholzquadrates ein Loch mit dem Durchmesser des Löffelstiels (hier 1,2 cm) bohren.

2 Die Teile aus Fotokarton ausschneiden, bemalen und zusammenkleben. Für die Haare ca. 2 cm lange Baststücke zuschneiden und hinter den Hut kleben. Die Arme aus ca. 7 cm langen Baststücken hinter das Kleid kleben. Um den Stab einige ca. 9 cm lange Baststücke legen und oben und unten festbinden. Um die Kürbisse Schleifen aus je 15 cm Bast binden.

3 Die Teile aus Fotokarton aufkleben und die Stiche auf die Flicken malen. Etwas Ostergras als Vogelnest aufkleben und das Tuch aus Stoff um den Hals knoten. Die fertige Vogelscheuche mit Holzleim in das Loch an der Bodenplatte kleben. Für das Bastbündel die 8 cm langen Baststücke in der Mitte zusammenbinden und auf die Bodenplatte kleben.

Rabe

1 Den Löffel und den Tontopf bemalen und trocknen lassen. Aus Fotokarton den Schnabel ausschneiden, bemalen und aufkleben. Nach dem Trocknen den Löffel durch die Öffnung des Tontopfes schieben. Ist diese zu klein, bis auf den Durchmesser der Löffelstieles (hier 1 cm) mit einem entsprechenden Bohrer vorsichtig aufbohren.

2 Von der Innenseite des Tontopfes den Löffelstiel mit etwas Holzleim fixieren. Zwei 30 cm lange Baststücke um den Kochlöffel legen und zu einer Schleife binden. Zum Schluss die Federn mit Alleskleber fixieren.

Hallo, Herbst!

→ witziges Pilzmobile

MATERIAL

- 2 Holzkochlöffel mit runder Kelle, ø 4,5 cm, 28 cm lang
- Holzkochlöffel mit runder Kelle, ø 5 cm, 30 cm lang
- Fotokarton in Rot, A4
- Fotokartonreste in Weiß
- Acrylfarbe in Weiß
- Bambusstab in Natur, ø 1 cm, 40 cm lang
- Basteldraht in Dunkelblau, ø 2 mm
- 13 Klebepunkte in Weiß, ø 7 mm
- 3 Schraubhaken in Silber, 4 mm x 10 mm
- Dschungelgras in Grün
- Nylonfaden

VORLAGENBOGEN 1B

1 Den großen Holzkochlöffel auf 10,5 cm, die kleinen auf 8,5 cm Länge absägen. Seitlich die Bohrungen für die Arme (ø 2 mm) anbringen, den Löffel bemalen und trocknen lassen. Dann die Schraubhaken eindrehen.

2 Die Teile aus Fotokarton ausschneiden, die Klebepunkte auf die Pilzkappen kleben und diese dann auf den Löffelstielen anbringen.

3 Sechs 12 cm lange Drahtstücke um einen dünnen Stift wickeln und wieder abziehen. Die so entstandenen Spiralen als Arme in die Bohrungen kleben, die Hände an die Enden kleben. Draht in der gewünschten Länge als Aufhängung um die Enden des Bambusstabes schlingen. Das Dschungelgras ankleben und die Pilze mit Nylonfaden an den Bambusstab hängen.

Happy Halloween

→ wünscht Hexe Gundula

MATERIAL

- Holzkochlöffel mit runder Kelle, ø 5,5 cm, 35 cm lang
- Holzkochlöffel mit runder Kelle, ø 3,5 cm, 20,5 cm lang
- Acrylfarbe in Hautfarbe, Grün, Lila und Braun
- Fotokartonreste in Hellgrün, Lila, Gelb und Schwarz
- Tonpapierrest in Lila
- Bast in Natur
- Papierdraht in Natur, ø 2 mm, 25 cm lang
- Schraubhaken in Silber, 4 mm x 10 mm
- kleiner Nagel
- Hammer

VORLAGENBOGEN 2A

1 An der Unterseite der Kelle des größeren Löffels für den Draht eine Bohrung (ø 2 mm) anbringen. Die beiden Kochlöffel grundieren. Alle Teile aus Fotokarton ausschneiden, bemalen und zusammenkleben. Den Hut aufkleben, dann das Gesicht und die Haare aufmalen.

2 5 cm Papierdraht um einen Schaschlikstab drehen, wieder abnehmen, durch die Mitte des Kragens ziehen und am Ende umbiegen. Anschließend in der Bohrung des Kochlöffels mit Holzleim befestigen. Zwei 10 cm lange Papierdrahtstücke für die Aufhängung des Schildes ebenfalls eindrehen.

3 Um die Kelle des kleinen Löffels mehrere ca. 12 cm lange Baststücke legen und mit etwas Bast gemäß der Abbildung fixieren. Den Besen gemäß der Abbildung an den großen Löffel nageln. Papierdraht durch die Löcher am Schild ziehen und um den Löffelstiel und den Besen schlingen. Den Schraubhaken in das obere Ende des Stieles drehen und die Dekoration mit etwas Bast aufhängen.

Tipp; Die kleine Hexe macht sich auch sehr gut als Türschild.

HAPPY
HALLOWEEN

Hexe Hui

→ dreht sich im Wind

MATERIAL

- Holzkochlöffel mit runder Kelle, ø 5,5 cm, 32 cm lang
- Sperrholzrest, 8 mm stark
- Balsaholz, 2 mm stark, 20 cm x 25 cm
- Rundholz, ø 5 mm, 25 cm lang
- Rundholz, ø 3 mm, 45 cm lang
- 4 Rohholzkugeln, ø 2 cm
- Tontopf, ø 8,5 cm
- Acrylfarbe in Mintgrün, Gelb, Schwarz und Flieder
- Papierdraht in Natur, ø 2 mm

VORLAGENBOGEN 2A

1 Vom Löffelstiel ein 8,5 und ein 11,5 cm langes Stück absägen. Ca. 2 cm vom oberen Rand des 11,5 cm langen Stückes Stiel eine Bohrung (ø 5 mm) anbringen und ein 19 cm langes Stück Rundholz (ø 5 mm) mittig in die Bohrung kleben. Für die verbleibenden 6 cm Rundholz senkrecht in das Kopfteil und in den Stiel je eine Bohrung (ø 5 mm) anbringen und den Stab zunächst oben in das Kopfteil leimen. Seitlich am Kopf für die Haare im Abstand von 5 mm je drei Bohrungen (ø 2 mm) anbringen.

2 Kopf, Rundholz, Löffelstiel und Arme mintfarben grundieren, nach dem Trocknen das Gesicht aufmalen. Sechs 12 cm lange Papierdrahtstücke um einen Schaschlikstab wickeln, wieder abziehen und als Haare einkleben.

3 Aus dem Sperrholz eine runde Scheibe (ø 3,5 cm) aussägen, seitlich im Abstand von je 2,2 cm fünf Bohrungen (ø 3 mm) anbringen. Mittig ein Loch (ø 5 mm) bohren. Das zweite Rundholz (ø 3 mm) in fünf 9 cm lange Stücke sägen und in die seitlichen Bohrungen kleben. Scheibe, Rundhölzer, zwei Holzkugeln und den Tontopf fliederfarben bemalen.

4 Die Teile aus Balsaholz (Stern, Hut, Hutkrempe und Windradflügel) mit dem Cutter auf einer geeigneten Unterlage ausschneiden, bemalen und trocknen lassen. Für das Windrad die Flügel richtungsgleich im 45°-Winkel auf die Rundstäbe leimen. Nun Perlen und Windrad auf das Rundholz schieben. Das Rundholz in die Bohrung des Löffelstieles kleben, dann den Stiel durch die Öffnung des Tontopfes stecken und von der Tontopfinnenseite mit Holzleim kleben. Ist diese zu klein, mit einem Bohrer vorsichtig bis zum Durchmesser des Löffelstieles aufbohren. Hut mit Holzleim aufkleben.

5 Die verbleibenden zwei Holzperlen als Hände aufkleben. Auf den 30 cm langen Papierdraht drei Sterne kleben und die Enden des Drahtes um die Arme schlingen.

MATERIAL

- Holzkochlöffel mit runder Kelle, ø 4,5 cm, 28 cm lang
- Sperrholzrest, 8 mm stark
- Balsaholzrest, 2 mm stark
- Rundholz, ø 3 mm, 52 cm lang
- Acrylfarbe in Schwarz, Rosa und Grau
- je 1 Rohholzkugel, ø 4 cm, 3 cm, 2,5 cm und 2 cm
- 2 Rohholzknöpfe, ø 1,7 cm
- Stoffrest in Rot/Beige kariert
- Pompon in Rosa, ø 1,5 cm
- Zackenschere

VORLAGENBOGEN 2B

Quirlige Fledermaus

→ mit viel Schwung

1 Den Löffel 18 cm vom unteren Stielende entfernt in zwei Teile sägen. Das Rundholz in fünf 7,5 cm, ein 6,5 cm und ein 8 cm langes Stück sägen. Senkrecht in die Enden des Stiels ein Loch (ø 3 mm) bohren und das 8 cm lange Rundholz in das Kopfteil kleben. Auf der Rückseite (8 cm vom Kopfende entfernt) eine Bohrung (ø 3 mm) anbringen. Das 6,5 cm lange Rundholz quer einkleben.

2 Aus dem Sperrholz eine Scheibe (ø 4 cm) aussägen und seitlich im Abstand von je 2,5 cm fünf Bohrungen (ø 3 mm) anbringen, in diese die fünf 7,5 cm langen Rundhölzer kleben. Aus Balsaholz mit dem Cutter die Ohren und Windradflügel zuschneiden. Alles bemalen, dazu an der Abbildung orientieren.

3 Die großen Holzkugeln (ø 2 und 4 cm) für den Bauch auf das Rundholz schieben und dann das Rundholz in der Bohrung des Löffelstieles festkleben. Die Flügel im 45°-Winkel auf die Rundhölzer kleben und trocknen lassen. Anschließend eine Perle (ø 2,5 cm), dann das Windrad und zum Schluss eine Perle (ø 2 cm) auf das hintere Rundholz schieben. Die letzte Perle mit etwas Kleber fixieren. Aus Stoff mit der Zackenschere zwei 3,5 cm x 3,5 cm große Quadrate schneiden, auf die Flügel kleben und die Knöpfe darauf fixieren. Pompon als Nase aufkleben.

Freche Gespenster

→ ausgefallenes Klangspiel

MATERIAL

- Holzkochlöffel mit runder Kelle, ø 5,5 cm, 32 cm lang
- 2 Holzkochlöffel mit runder Kelle, ø 4,5 cm, 28 cm lang
- Rundholz, ø 5 mm, 25 cm lang
- 2 Holzperlen in Weiß, ø 1,5 cm
- Fotokartonreste in Weiß, Lila, Orange und Hellgrün
- Acrylfarbe in Weiß, Orange und Lila
- 4 Klangstäbe, ø 4 mm, 4 cm lang
- 2 Klangstäbe, ø 4 mm, 6 cm lang
- 3 Schraubhaken, 4 mm x 10 mm
- Bast in Natur
- Bindfaden in Schwarz

VORLAGENBOGEN 2A

1 Die zwei kleineren Kochlöffel für die Kürbisse auf eine Gesamtlänge von 10 cm absägen. Bei dem Gespenst ca. 18 cm vom unteren Stielende entfernt seitlich in den Stiel eine durchgehende Bohrung (ø 5 mm) anbringen und das Rundholz für die Arme mittig einschieben. Für die Klangstäbe in den Kellen der kleinen Löffel je drei Bohrungen (ø 1,5 mm) anbringen.

2 Alle Löffel bemalen und die Gesichter aufbringen. Für die Aufhängung am Kopf des Gespenstes und in die Kürbisse Schraubhaken drehen. Alle Teile aus Fotokarton ausschneiden, bemalen und aufkleben. Auf das Gespenst zwei Schleifen aus je 16 cm Bast, auf die Kürbisse je eine Schleife aus je 20 cm Bast kleben. Die Kürbisse mit Bast an die Arme knoten und die Perlen als Hände ankleben. Das Klangspiel mit Bast und die Klangstäbe mit dem schwarzen Faden aufhängen.

Trick or Treat

→ für Leckereien

MATERIAL KATZENSTECKER

- Holzkochlöffel mit runder Kelle, ø 5,5 cm, 35 cm lang
- Sperrholzrest, 8 mm stark
- Acrylfarbe in Schwarz, Gelb, Elfenbein, Hell- und Dunkelblau
- Fotokartonreste in Hell-, Dunkelblau, Gelb und Schwarz
- Papierdraht in Natur, ø 2 mm
- Tontopf, ø 11 cm

HEXENSTECKER

- Holzkochlöffel mit runder Kelle, ø 5,5 cm, 30,5 cm lang
- Fotokartonreste in Schwarz, Blau, Gelb und Rot
- Filz in Blau, A3
- Stoffrest in Blau kariert
- 6 Pompons in Schwarz, ø 1 cm
- Acrylfarbe in Hautfarbe und Rotviolett

VORLAGENBOGEN 2A

Katzenstecker

1 Für die Arme 23 cm vom unteren Stielende entfernt seitlich den Stiel durchbohren (ø 2 mm). Den Löffel und Tontopf gemäß Abbildung und Vorlage bemalen. Die Teile aus Fotokarton ausschneiden, bemalen, zusammenfügen und aufkleben.

2 20 cm Papierdraht durch die Bohrung ziehen. Als Halterung für den Löffel aus Sperrholz einen Kreis (ø 6 cm) sägen und in dessen Mitte eine Bohrung (im Durchmesser der Löffelstieles, hier 1,2 cm) anbringen. Den Löffelstiel in die Bohrung kleben und die Scheibe im Topf festkleben.

3 Das Schild mit der Zackenschere zuschneiden, mit schwarzem Filzstift beschriften und zusammenfügen. Den Papierdraht hinter dem Schild mit Kleber fixieren. Die Hände aufkleben.

Hexenstecker

1 Den Löffel gemäß der Abbildung grundieren und nach dem Trocknen das Gesicht aufmalen. Die Teile aus Fotokarton ausschneiden und zusammenkleben. Den Hut und die Haare auf den Kopf kleben.

2 Den Umhang aus Filz zuschneiden und die Pompons aufkleben. Halstuch und Tasche aus Stoff zuschneiden. Den Umhang über den Stiel ziehen und dann festkleben. Die Tasche zusammen mit der Katze aufkleben und das Halstuch umbinden.

TRICK OR
TREAT

Graf Dracula

→ schaurig schön

MATERIAL DRACULA

- Holzkochlöffel mit runder Kelle, ø 10,5 cm, 1 m lang
- 4 Holzkochlöffel mit runder Kelle, ø 4,5 cm, 28 cm lang
- Sperrholz 1,2 cm stark, 20 cm x 20 cm
- Balsaholzrest, 2 mm stark
- 4 Tonuntersetzer, ø 6,5 cm
- 4 Glas-Teelichthalter
- Kordel in Rot, ø 2 mm, 1 m lang
- Schraube, 4 mm x 50 mm
- Filz in Rot, 33 cm x 60 cm
- Acrylfarbe in Schwarz, Hautfarbe und Weiß
- Deko-Spinnennetz in Weiß

SPINNEN

- 3 Holzkochlöffel mit runder Kelle, ø 4,5 cm, 28,5 cm lang
- Acrylfarbe in Schwarz, Rot und Weiß
- Chenilledraht in Schwarz, ø 9 mm
- Baumwollkordel in Creme, ø 1 mm
- 3 Schraubhaken in Silber, 4 mm x 10 mm

VORLAGENBOGEN 2B

1 Den großen Löffel auf 79 cm und je zwei der kleineren Löffel auf 20,5 cm bzw. 24,5 cm kürzen. Ca. 34 cm und 51 cm vom oberen Rand entfernt in den Löffelstiel zwei durchgehende Bohrungen mit dem Durchmesser der kleineren Löffel (hier 1,1 cm) anbringen.

2 Die Löffel, den Standfuß aus Sperrholz (20 cm x 20 cm) und die Untersetzer bemalen. Die Ohren mit dem Cutter aus Balsaholz ausschneiden, bemalen und aufleimen. Die kürzeren Löffel oben, die längeren unten in die Bohrungen leimen und trocknen lassen.

3 Den Fuß in der Mitte vorbohren (ø 2,5 mm), dann die Schraube von unten durch den Fuß in den Löffelstiel drehen. Filz mit der Kordel gemäß Abbildung als Mantel umbinden. Anschließend Dracula gemäß Abbildung mit dem Spinnnetz dekorieren.

4 Für die Spinnen die Löffel gemäß Vorlage absägen, die Sägekanten glatt schleifen und dann bemalen. Die Schraubhaken eindrehen. Für die Beine je sechs 5 cm lange Chenilledrahtstücke von der Unterseite ankleben und formen. Die Spinnen mit der Kordel in gewünschter Länge aufhängen.

Teufelchen und Spinnen

→ ein freches Trio

MATERIAL
TEUFELCHEN

- Holzkochlöffel mit runder Kelle, ø 4,5 cm, 28 cm lang
- Holzquirl, ø 5 cm, 30 cm lang
- Balsaholzrest, 2 mm stark
- Acrylfarbe in Rot, Schwarz, Hautfarbe, Grau und Weiß
- Papierdraht in Natur, ø 2 mm
- Schaschlikstab
- 2 Rohholzperlen, ø 9 mm

SPINNEN

- 2 Holzkochlöffel mit runder Kelle, ø 4,5 cm, 28 cm lang
- Acrylfarbe in Schwarz, Rot und Weiß
- Papierdraht in Natur, ø 2 mm
- Deko-Spinnennetz in Weiß

VORLAGENBOGEN 2B

1 Für das Teufelchen den Löffel auf 7,5 cm Länge absägen und bemalen. Ca. 3 cm vom oberen Rand des Quirls entfernt seitlich den Stiel durchgehend durchbohren (ø 2 mm), dann den Quirl bemalen. 20 cm Papierdraht als Arme durch die Bohrung ziehen und an dessen Enden die Perlen kleben.

2 Die Hörner und die Gabel mit dem Cutter aus Balsaholz ausschneiden und bemalen. Die Gabel an ein 9 cm langes, bemaltes Stück Schaschlikstäbchen leimen, die Hörner ebenfalls aufleimen. Zum Schluss den Kopf auf den Quirl kleben.

3 Für die Spinnen ca. 6 cm vom oberen Kellenrand entfernt rundum sechs Bohrungen (ø 2 mm) im Abstand von ca. 1 cm anbringen. Die Löffel bemalen und nach dem Trocknen als Beine 9 cm lange, geknickte Papierdrahtstücke in die Bohrungen kleben. Die Spinnen mit dem Spinnennetz dekorieren.

GUTSCHEIN FÜR SELBST-
GESTRICKTE MÜTZE,
SOCKEN UND SCHAL
GUTSCHEIN FÜR
EINEN KUSCHELIGEN
ABEND ZU ZWEIT

Schwarzes und weißes Schäfchen

→ tolle Geschenkidee

MATERIAL

- 2 Holzkochlöffel mit runder Kelle, ø 5,5 cm, 36 cm lang
- Acrylfarbe in Hautfarbe, Weiß und Schwarz
- Fotokartonreste in Blau, Gelb, Hautfarbe, Grau und Rot
- Papierdraht in Natur, ø 2 mm
- Filz in Rot bzw. Blau
- Pompon in Rot bzw. Weiß, ø 2 cm
- Reliefschere

VORLAGENBOGEN 2B

1 9 und 21,5 cm vom Stielende entfernt den Stiel durchbohren (ø 2 mm). Den Löffel grundieren, nach dem Trocknen die Bemalung übertragen (die Löckchen gemäß der Abbildung mit wasserfestem Filzstift).

2 Den Papierdraht (11 cm für die Arme, 14 cm für die Beine) durchziehen. Die Teile aus Fotokarton ausschneiden, bemalen bzw. beschriften, zusammenfügen und dann aufkleben. Aus Filz einen Schal zuschneiden (2,5 cm x 20 cm), an beiden Enden in Fransen schneiden und um den Löffelstiel binden. Zum Schluss das Pompon aufkleben.

Kleine Gespenster

→ spuken fleißig

MATERIAL

- 2 Holzkochlöffel mit ovaler Kelle, 4,5 cm x 6,5 cm, 30 cm lang
- Balsaholzrest, 2 mm stark
- Acrylfarbe in Weiß und Rosa
- Papierdraht in Natur, ø 2 mm
- 4 Naturholzperlen, ø 9 mm
- 4 Glöckchen in Gold, ø 1 cm

VORLAGENBOGEN 2B

1 Die Bohrungen für die Arme (ø 2 mm) anbringen, dann die Löffel bemalen. Mit dem Cutter alle Teile aus Balsaholz ausschneiden.

2 Für die Arme des linken Gespenstes ein je 5 cm langes Drahtstück gemäß der Abbildung durch die Bohrungen ziehen und auf die Enden Perlen stecken. Auf den überstehenden Draht am linken Arm ein Glöckchen fädeln, dann den Draht umbiegen.

3 Beim rechten Gespenst ein 15 cm langes Drahtstück durch die Bohrung ziehen, auf das zuvor drei Glöckchen und zwei Perlen aufgefädelt wurden. Enden des Drahtes von der Rückseite umknicken.

4 Alle Perlen mit etwas Klebstoff fixieren.

Kleine Gespenster

Anleitung Seite 31

DIESES BUCH ENTHÄLT 2 VORLAGENBOGEN

IMPRESSUM

FOTOS: frechverlag GmbH, 70499 Stuttgart; Fotostudio Ullrich & Co., Renningen
DRUCK: frechdruck GmbH, 70499 Stuttgart

Auflage: 5. 4. 3. 2. 1.
Jahr: 2008 2007 2006 2005 2004 [Letzte Zahlen maßgebend]

ISBN 3-7724-3277-8
Best.-Nr. 3277